我这一辈子

刘惠民／著

上海社会科学院出版社
SHANGHAI ACADEMY OF SOCIAL SCIENCES PRESS

刘惠民

刘惠民，汉族，1940年生，1956年参军，1959年入党，1978年转业到地方上工作，历任解放军连长，基层供销社的书记、主任、企业法人，被评为经济师。2020年5月11日住进上海梧桐人家养老。

贺惠民老弟新书出版

刘保义

祝暇期颐禄寿康，贺君榆景著华章。
惠人时雨心如水，民德归真气似霜。
史礼处身修己短，文词交际取贤长。
付诸社会传于世，梓里同仁友共藏。

（作者系山东省中共博兴县委原机关党委书记、诗人）

前　言

光阴似箭，转眼间我已进入耄耋之年，趁我现在还行，就急着写这本小书，因为我这一辈子变化确实太大了。我想把我的一生真实地记录下来，告诉大家。

我幼年时家里很穷，吃糠咽菜，跟着父母逃荒要饭，流离失所。一九四五年抗日战争结束，家乡得到了解放，才有了比较稳定的生活。我的童年，天天忙着干活，什么拾柴火呀，挖野菜呀，放羊啊，到了十一岁才刚开始上学。我一边上学还要一边干农活。

我十六岁参加中国人民解放军，在党组织的培养下成为中共党员、初级军官，一直干到三十八岁才转业。

我好学上进，工作执着，性格直爽，几十

年来风风雨雨，从军队到地方一直工作在基层。所以，我热爱基层，也很适合在基层工作。

几十年来工作很稳定，如当炮兵连长一干就是八年，转业后任博兴县城关供销社党支部书记，一干就是十一年，不管干什么我都是同行的佼佼者，还评上了经济师。

我退休后的生活非常幸福，有爱我的妻子，有孝顺的儿女，有出类拔萃的第三代，还有着较高的退休金。尤其是晚年来到梧桐社区养老，更是锦上添花。我感谢共产党，感谢社会主义制度，感谢快速发展的新时代。我一定牢记初衷，不负使命，为新时代的发展释放余热。

在本书中，我将我的人生历程分为五个阶段，每个阶段为二十年，当然第五个二十年才刚刚开始，所以写的内容还不多。前面四个二十年，也只是一个大致的时间划分，比如我的军旅生涯从十六岁就开始了，但主要军人生活在二十至四十岁的年龄段，所以就放到第二个二十年去写了。我的人生经历虽谈不上跌宕起伏，但也是变化巨大。产生这种巨大变化的原因，一是赶上了好时代，二是自身也作了努力。我想，我将自己的经历写下来，对大家也会有一定的启示吧。

此书在出版过程中，得到了北京通用人工智能研究院博士刘腾宇先生、申港证券业务董事方玉莹女士、太平小镇梧桐人家养老社区活动主管刘艳霞女士、招商基金管理有限公司首席市场官刘非女士等人的帮助与支持，在此向他们表示衷心的感谢！

目 录

第一个20年

家乡生活

一九四〇年的六月二十日，我出生于鲁北平原，解放前和解放初期的行政名称是山东省蒲台县。

蒲台县位于黄河下游，它北依滨县，南靠博兴，西至高青，东接垦利。

它南北宽仅有十八公里，东西长却有三十五公里，人口约十七万，全县沿着黄河为小营、蔡寨、乔庄、龙居、史口五个区——也就是现在的五个乡镇。

解放前国民党县政府位于蒲城——即黄河“道旭”渡口以北、北镇以南的河套里。共产党领导的抗日政府设在乔庄。解放初县政府先设在高庙李，后迁至小营。

一九五六年三月，蒲台县并入了博兴县。

蒲台县在历史上有许多老地名，如三台、八井、十二镇。我出生的地方就是八井中的一井——高井。

在传说中，高井是一口“琉璃井”，是一个“神仙”背来的。高井村的村民都相信这个传说。

高井村由三个自然村组成，即东高井、中高井、西高井，我家就在中高井。东高井有二十余户，都姓王。西高井也有二十余户，中高井则只有五户，中、西高井大部分姓刘，也有几户姓李、孟、杨的。

解放初期，我的家乡的全称是山东省蒲台县蔡寨区朱全镇乡高井村。一九五六年并入博兴县后，称为博兴县乔庄区榆林乡高井村。

解放前的蒲台县贫穷落后，民不聊生，被称为“三多一少”，即盐碱地多，要饭的多，打光棍的多，树少。

蒲台县的主要地域在黄河大堤以南，由于黄河床面高于大堤外的土地，久而久之这里都变成了盐碱地。其中有相当一部分盐碱地因不能耕种而成了撂荒地。即使是能耕种的那一部分盐碱地，产量也不高，因此，治碱就成为春播的首要任务。

一到春天，全村男男女女都在坡里忙治碱。所谓“治碱”，就是先把土地整平，而后用石磙碾压。由于春天气候干燥，用石磙碾压后的土地，经太阳晒后水分蒸发，地里就往外冒一层灰白色的浮土——这就是碱。人们就用刮板把碱土刮起来，再用木轮车把刮起来的碱土推到地边。所以，地与地、户与户之间的地界都是用碱土堆起来的土岭子。年复一年地刮，年复一年地堆，年复一年地垒，地岭子越来越高，越来越大，有的高达一米以上，实在不能再往地边堆放了，就干脆在地里堆成土台子。

不过说来也怪，有一种野菜奇迹般地耐碱，叫作“羊角菜”，它可以在堆放的碱土里顽强地长出来。羊角菜在碱土里埋着的那一部分又白又甜，有的长达十几公分，我放羊的时候经常吃这种野菜，吃起来非常来劲。

当地的主要农作物有高粱、谷子、棉花、

小麦、玉米和豆子。一次播种不可能出全苗，因为各种农作物在幼苗时期最怕下小雨。由于小雨不压碱，下小雨时正好把刚出土的幼苗碱死。但是，“春雨贵如油”，春天往往是小雨多、大雨少，所以，小雨过后幼苗就会死很多。这时，人们就采取复种和移栽。经过几次反复，才能保住大部分幼苗。

虽然紧靠黄河，但是有水用不上，旱了不能浇，涝了不能排，完全靠天吃饭。到了雨季，有时地里积水十几公分深，时间长了庄稼就会被淹死。

由于各种自然灾害不断发生，又加上肥料不足，各种庄稼的产量很低，亩产粮食不过三百斤，有的只有一百多斤，甚至少到只有几十斤。

黄河大堤里面的土地叫黄河滩地，黄河水经常泛滥，有时一年闹两次水灾，雨季一次，冬季一次。河水一泛滥，人们只能眼睁睁地看着种在滩地的庄稼被大水吞没。

当地的气候也十分恶劣。由于地处盐碱地

带，树木稀少，不能固沙和调节气候，尤其是到了春天，大风特别频繁，经常把河套里的沙土和大堤外边的碱土一块刮起来形成沙尘暴，弄得天昏地暗，连太阳都看不见。生活在这种环境中的农民，他们的生活状况就可想而知了。

我最早的记忆是一九四五年。因为一九四五年的农历五月初一，共产党八路军横扫了全县的鬼子、汉奸，炸掉了他们的碉堡与据点。我听到了打鬼子的枪炮声，群众庆贺胜利的欢呼声。那时，我已经五六岁了，所以，我对这些已有了初步的印象。

我们家非常穷，我现在还记得爷爷从集上捡西瓜皮给我吃，坐在婶婶的房前啃糠饼子，跟着父母逃荒要饭的情景。

家里虽然穷，可我在家里是受娇惯的，特别是爷爷非常喜欢我。我记得有一次我不知做了什么“大事”，爷爷高兴地说：“这孩子有出息，将来肯定能做点大事。”爷爷那个兴奋劲呀，我现在还记忆犹新。

一九四五年抗日战争胜利后，我的家乡成

了解放战争的根据地，我家也步入了新的发展时期。

不久，父母与叔叔分了家，我们搬到了西院棚子里建成的自己的新家。我现在还想着那房子是那样矮小、简陋，站在炕上都抬不起头来，大梁不够长在屋里就顶着根柱子。尽管居住条件很差，但那可是我们的家啊！父母是那样爱这个家，经营着这个家，他们起早贪黑，不知疲倦地忙活着。

一九五一年，我十一岁了，开始上初级小学。

上学期间要抽空帮助大人干活，每天早起、晚睡，推磨、推碾。星期天、节假日，我就替哥哥放羊，让哥哥有空到坡里干活。到了农忙季节，就干脆请假放羊。这时，我既是学生又是牧童。

除了放羊，我还要拾柴禾。一到秋天，碱地里的黄青菜很多，特别是农民治碱堆起来的地岭子里，黄青菜长得比人还高。有一次我不小心将镰刀砍在了自己的左脚背上，砍得露出了骨头，好疼好疼。

这就是我的童年：放羊，干活，读书。父母不管家里生活多么艰难，依然保证让我上学，保证我能够吃饱穿暖，我享受着父母的爱。

第二个20年

军旅生涯

一九五六年的年底，一年一度的征兵工作开始了，我这个“狂热”青年又积极起来了，非当兵不可。其实，那个时候也不懂得什么国防建设啊，保家卫国啊，当兵是公民的义务啊，只认为当兵光荣，所以我要当兵。

一天，我到乡里去报名，负责征兵登记的是我表哥，我说我要去当兵。

他说：“当啥兵呀？你今年才十六岁。今年的征兵年龄可是十八岁至二十二岁啊。”

我说：“你把我的出生时间从一九四〇年改成一九三八年，那不就够十八岁了吗？”

表哥照我说的做了。

那个时候距离战争结束不久，所以征兵还有点“阻力”，所以，我这个参军积极分子就很容易“过关”了。

这年榆林乡被批准入伍的共七人，乡政府于一九五七年一月二十日下午召开欢送大会。这天，榆林乡扎了个像唱戏那样的大台子，主席台中央挂着毛主席的巨幅画像，周围插了很多彩旗，台下挤满了来自各个村的群众，会场气派壮观。

大会由乡政府的颜指导员主持，首先是给新兵献花，接着乡领导讲话，然后由我代表新兵讲话。我的讲话一结束，颜指导员亲自领着群众高呼：“向刘惠民同志学习！”“向刘惠民同志致敬！”热烈的掌声之后，宣布我为新兵班的班长。这突如其来的口号声与任命决定简直把我给“震晕”了，因为我没有这个思想准备，更没有经历过这样的场面。我的心激动地跳个不停。

一九五七年的二月五日，也就是正月初六，这是我难以忘怀的一天，就是这天我告别了生我养我的故乡，走向了军营。

早晨吃完饺子，母亲送我到村头，她眼中

含着泪花，表情是那样失落与沉默。她站在村头一动也不动，不管我怎么劝她回家，她就是呆呆地站在那里，我没办法只好默默地走了。我边走边回头看，一次、两次……直到我再也看不见她为止，也不知道母亲是啥时候回的家。

我们到县城换上军装，于二月十二日和全县的二百多名新兵，分乘十几辆马车，浩浩荡荡地来到张店火车站，然后换乘火车抵达莱阳的“北官庄营房”。

北官庄营房位于莱阳县城以东，因为靠近北官庄村，所以，称为“北官庄营房”。

营房中央有条南北走向的大道，大道东侧的南半部分是团的办公大楼、礼堂、直属分队，北半部分是卫生队、军官食堂、士兵招待所。大道西侧从南往北的顺序是一、二、三营。营房北头有条东西走向的大道，大道的北侧是军官家属院，家属院的南边有为部队服务的配套营业设施，如浴室、理发店、银行、邮电所、军人服务社等。

营房的建设，既错落有致，又整齐有序，

房子宽敞、漂亮，并配有电灯、电话、自来水，军人的生活舒适而有规律。

面对美丽、壮观、气派的兵营，想到老家荒凉的盐碱地、矮小的土坯房，我感到一定要好好珍惜这里的一切。我暗暗地下决心：我要在这里锻炼、成长，度过我人生最美好的时光……

新兵集中训练一个月，在此期间，要完成从老百姓到军人的基本过渡。

每天早操后是洗漱和整理内务，要把床单铺平，被子叠成 60×40 公分大小，要有棱有角。一开始我不会叠，更掌握不好尺寸，班长就亲自拿着尺子给我量，教我叠的技巧，用两块小木板把被子挤压出棱角来。除了叠被，各种东西全班要放得整齐统一，然后全班集合，班长检查衬衣是否扎入裤腰带内，指甲剪了没有，着装是否统一，天天如此。

上课，有时在教室内讲纪律条令、内务条令、卫戍条令，以及卫生、防化，步兵武器的构造、性能、用途等，有时在操场边讲边练各种体育项目、队列，以及轻武器的瞄准、射击等。

有一天晚上我睡得正香，短促的哨音把我惊醒，班长马上喊：“紧急集合，赶快打背包。”

屋里非常黑，又不让开灯，我摸索着打好背包，背在身上在门前站好队。

连长宣布：“敌人在‘鸡窝山’一带空降，跑步赶赴鸡窝山围歼敌人。”

我真的以为敌人空降了！自言自语道：“连枪都没有怎么围歼敌人啊？”

等我们爬到山顶时，有不少战友的背包都跑散了，这时我才明白，这就叫“演练”。

回来后班长教我们打背包，白天蒙着眼练，晚上关上灯练，一直练到达到标准为止。

新兵训练结束后，我被分到三连。下连后连长对我们讲：“我们连是个有光荣战史的连队，在战争年代曾荣获‘大功三连’的荣誉称号。今天你们给我连补充了新鲜‘血液’，希望你们继承和发扬我连的光荣传统，争取更大的胜利。”

我听了连长的话很受感动，决心做合格的军人，为连队增光。

分到三连的二十八名新兵中，初中生只有一人，另外还有五六个高小生，其余是初小、文盲，我虽然完小还没毕业，也算是新兵中的“高才生”了，在分配工作中得到了重用，分到侦察班。

这时，我正式成为身着绿色军装，头戴“八一”帽徽的军帽，佩戴列兵军衔，身背冲锋枪的现役军人了。

军队的生活除了居住舒适，环境优美，有良好的文化生活和较好的物质待遇外，有时会人为地制造一种艰苦的环境，以磨练、培养军人的意志，我就是在这种环境中成长起来的革命军人。

记得一个严寒的深夜，西北风怒吼着，鹅毛大雪铺天盖地，领班员叫我去上岗。哨所距驻地足有五华里，那时战士们在冬季只有一身棉衣，没有大衣。我只好用床单当围巾包头，用被子当大衣裹身，迎着凛冽的西北风，顶着扑面而来的鹅毛大雪走向哨所，一站就是两个小时。当我从哨所返回驻地时，床单和被子都变成了冰块。

艰苦的生活磨练了我，锻炼了我，培养了我，使我苦能吃、累能受，能适应各种比较复杂、比较艰难的环境。

部队还是一所大学校，它不但学政治、学军事、学文化，还学习其他一些科学知识。部队里严格的规章制度、整齐的军容风纪，这是任何一所学校都不能比拟的。

部队还培养军人超强的自理能力。我虽然出身于农民家庭，但我有慈善的母亲和手巧的姐姐，在家时，她们给我做饭洗衣服，使我过着饭来张口、衣来伸手的生活。现在我和老兵一样了，配备了针线包，扣子掉了自己缝，衣服脏了自己洗。我还记得第一次拆洗被褥时，拆了就是缝不起来，后来是在老兵的指导下缝起来的，经过多次的练习后，我就熟能生巧了。

炮兵连是由多兵种组成的连队，而侦察兵则是诸兵种中技术性比较强的兵种之一。所以，侦察兵在营里统一训练，教练员主要是全营的四个侦察班班长，也就是三个连队的侦察班班长加营部侦察班班长，他们分科目备课、上课，个别的课程由指挥排长授课。

学习的主要内容是各种侦察器材的用途、性能、构造，以及维护与保养、操作与使用；地图符号的识认与地图的使用，利用各种方法确定“敌我双方”在地图上的位置；观察所的占领与撤出，在观察所侦察、交会目标，目测距离，观察射击效果，制作侦察文书等。同时，还学些指挥员的科目，如目测法、简易法、精密法、成果法准备射击开始诸元，射击指挥和射击修正，射击法则的应用，以及夜间、海上、山地等特种射击。

由于我的文化水平比较低，在学习中碰到了很多理解不了的问题，如什么是角，什么是真子午线、坐标子午线和磁子午线所形成的偏角，还有正负数的运算和函数、对数等。这些问题我在课堂上听不懂，课后老兵越辅导越糊涂。

我带着这些问题翻阅了部队初中数学课本，突然发现我在小学还没学到三角、几何、代数、函数这方面的知识，而教练员授课和老兵辅导都是按照新兵已经具备了这方面的知识去讲解和辅导的，所以我就越听越糊涂了。

我越来越感觉到自己的文化知识跟不上所学专业的要求，但是我没有灰心、退却，而是鼓足勇气自修初中数学，最后终于攻克了难关，成了一名合格的侦察兵。

每年训练的后期，团里都要组织炮兵连战术演习和实弹射击，战术演习和实弹射击的考核是最高训练形式，是全面检验部队训练质量的最好方法。所以，各级都十分重视，把它作为衡量连队战斗力的重要标志。

一九五七年十一月下旬的一天，团里对我连的考核开始了。

早晨四点半连队发出了紧急集合的信号，全连不到三分钟就在门前集合完毕，接着连长传达“敌情通报”，而后指挥分队和战炮分队分别往集结地开进。

初冬的胶东半岛，早晨已觉寒意，特别是乘汽车急行军，汽车跑得越快，寒风就越大。寒风穿透棉衣直刺全身，战士的鼻子和嘴里呼出的热气在胡子、眉毛、帽檐上结起一层白霜，个个都变得像“白胡子老头”。

我们到达集结地后，下车分散隐蔽，连长带着有关人员选择观察所，然后我们根据连长的指示占领观察所。接着连长口头下达战斗命令，选择方位场，明确当前的战斗任务，然后各类人员展开作业。

实弹射击考核的科目：“简易法”准备射击开始诸元，对战壕进行直接试射，然后转为效力射。

连长下达“放”的口令后，我们听到炮阵地“轰”的一声巨响，接着又听到炮弹在观察所上空发出“嗖嗖”的飞行声，这是我第一次听到炮弹飞行的声音。

接着在目标区域发出一声巨响。

观察所里所有人员都听到了炮弹的爆炸声，但谁也没有观察到炸点。

这时我报告："偏左一百三十六。"

"简易法"准备射击开始诸元，对目标直接试射，存在偏差量是正常现象。但他们都用器材死死地盯住目标，而忘记了观察炸点初发先用肉眼观察，而后再用器材观察的要领，所以，当初发炸点超出观察器材镜内范围时，就看不到炸点了。

连长根据我报告的偏差量，迅速下达修正口令，继续指挥射击。

以后我都准确地报告了射击效果，保障指挥员完成了射击指挥任务。

演练结束后，连长在总结大会上高兴地说："这次战术演习与实弹射击任务完成得很好，实弹科目得了五分。如果没有刘惠民同志准确的炸点观察，我们实弹射击的成绩一定不会这么理想。为表彰先进，经支委会研究，决定给刘惠民同志队前嘉奖。"

这是我当兵之后第一次受奖，心情十分激动，晚上躺在床上久久不能入睡，长时间处于对未来前途的遐想之中。我决心努力学习毛主席著作，彻底改造人生观，要加入中国共产党，要做无产阶级先锋战士，要为党、为人民、为共产主义事业奋斗终生。

班长是部队里的最低的“领导”，但是，部队里所有的工作最后又都在班里落实。所以，班是个战斗集体，是基础的基础，只有打好了这个基础，部队才有战斗力。一九五九年春节后班长复员了，组织上任命我为三连侦察班班长。

我认为当好一个兵并不难，只要不怕苦、不怕死、遵纪守法、团结同志、尊重领导、工作积极，就是一个好兵。但不是所有的好兵都能成为一个好班长，而好班长的前提则必须是一个好兵，这是因为班长是“最基层”的“领导”，说一千遍不如自己干一遍。班长的以身作则、模范带头和示范作用至关重要。同时，班里还有七八个人，他们来自五湖四海，年龄、性格、生活习惯各不相同。所以，带好一个班还需要做艰苦细致的思想工作和协调工作，完成任务还要有应变能力。

当了班长后，七八天就轮上一次“连值班”。值班这天，负责处理连队里的日常事务，如安排哨兵，派公差勤务，开会、上课、集合队伍报告人数，以及人员外出登记等。班长还是“军事教官”，过去是人家给我讲课，现在我要给别人讲课了。为了把课讲得形象、直观，便于理解，就要编写教案、制作教学模型，必要时还要到现场讲课。

部队在二十世纪六十年代初，曾开展军事大比武和推行“郭兴福教学法”。在师、团组织的军事大比武中，我获得一级技术能手，并被评为“郭兴福”式的教练员。

一九五九年初，我还兼任业余文化教员，负责初中几何、代数的教学，把我自修的知识再“转卖”给我的战友。

一九五九年四月十八日，连里召开党员大会，讨论我的入党问题，我也被叫去参加了。

党支部书记主持会议，他首先宣读了我的入党志愿书和政审情况，接着入党介绍人向大会介绍我的表现，然后我所在的党小组报告对我入党的讨论情况，最后党员围绕我入党这一主题进行自由发言。

党员发言后党支部书记让我表态发言。

我激动地说："一九五九年四月十八日，是我终生难忘的一天，它将成为我成长的转折点。今天，是我有生以来第一次参加党员大会，非常高兴、激动，不管今后我能否成为一名共产党员，我都将牢记党的教导，完全彻底地为人民服务。今后我一定努力学习毛主席著作，彻底改造世界观，为党、为人民、为共产主义事业奋斗终生。当党需要的时候，不惜牺牲自己的生命……"

最后全体党员举手表决，一致同意我入党。

一九五九年下半年，我们连代表师、团参加了济南军区组织的炮兵连战术演习实弹射击考核、比武。

我们班在这次"战斗"中，出色地完成各项任务，主要体现在三个方面。

一是道路侦察准确。

我根据连长的指示，带领侦察班连夜出发

侦察道路，遇到路口、岔道用白灰做标记，指示部队的行军方向；在道路的拐弯处，测量曲半径；遇到桥梁判断桥的载重量，并把有关数据用暗号留给后面的部队；对个别险情路段进行抢修。

由于按时准确地给部队提供了情报，保障了部队按时顺利地到达指定位置。

二是在“战斗”中过得硬。

根据演习有关人员的诱导，在基本观察所用“成果法”准备射击开始诸元，对敌人实施火力打击，支援我步兵的战斗行动。

为完成任务我们迅速地连测了观察所，适时地建立了“虚设”试射点，精确地计算了射击修正量。

“战斗”打响后，前后对“敌人”的暴露步兵、战壕、炮兵阵地等进行了歼灭射击和计划内目标的拦阻射击，有力地支援了我步兵的“战斗”行动。

在“战斗”中充分地显示了我班的训练有素和良好的协同动作，一切都进行得非常顺利，弹群一次一次地覆盖目标。

三是技术有真功夫。

当我步兵顺利地占领了“敌人”的前沿阵地后，上级诱导我们观察所按计划往前转移。就在我们往前走了几百米来到一个小山头时，上级突然下达任务：“炮兵连注意，我步兵前进受阻，步兵首长命令你们迅速进行火力支援。火力点，现地位置，第四号方位物低 0-03，现地是个土堆，立即压制！”

连长立即命令，就地架设器材展开作业，并命令无线兵呼叫阵地。

我放下地图拿起望远镜一看，惊喜地发现“土堆”地图上就有啊！我马上向连长报告：“火力点纵坐标 14250、横坐标 16185、高程 110。”

连长立即命令计算兵，用原试射成果，对火力点准备射击诸元。当命令传达到阵地，弹群飞出炮膛在目标区爆炸时，其中一发炮弹把土堆削去了一半。这时，侦察兵报告：“命中目标。”

迅速利索地完成突如其来的任务，充分显

示了我们的真功夫。

这次比武我连荣获济南军区参赛连队的第一名，我本人荣立三等功。

一九六〇年春节前夕，一九五七年入伍的战士已经服役期满，都面临着复员。

有一天指导员找我谈话说："你入伍以来，年年是'五好战士'，今年你们班又被评为'四好班'，三年来你一次立功、多次受奖，并且入了党，在走和留的问题上要服从组织分配。营党委已经决定，调你到营部任侦察班班长，我们想留也留不住。到营部当班长，是从全营几十名侦察兵中选出你一人，看起来是平调，实际是重用，希望你能服从组织分配。"

我暗暗地想，超期服役还是可以的，如果能回次家那就更好了，一是看看父母，二是找个女朋友解决自己的婚姻问题。我想了想就试探性地和指导员说："我入伍以来是取得点成绩，那都是组织上培养、教育的结果，我不辜负你们的希望，一切听从组织分配、服从领导安排，党叫干啥就干啥。不过能否在我到职前，先回次家看看？”

“那就帮你请示一下吧。”

不几天公布令来了，调我到营部任侦察班班长，同时给了七天假，让我先回家后到职。

一九六〇年农历正月十五日下午五点，我回到了离别三年的故乡。当我突然出现在家人面前的时候，正在吃晚饭的家人惊喜不已！母亲高兴地说：“你走后第一年我是非常想你的，真想得睡不着觉吃不下饭，现在才好点儿了，咋又回来了啊？！”

我说：“领导让我超期服役，并到营部当班长，到职前先回家看看你们。假期就几天，走走亲戚看看同学就得回去呀。”

回家的第二天晚上，为了找女朋友，我就到博兴二中看望朱学良同学。他热情地说：“你来得正好啊，今天是春节后第一天返校，我把老同学们都找来玩玩。”

他很快地找来了六七个同学，见面后我们都高兴地相互问候，畅谈三年来各自的变化、感想、体会。在两个多小时的交谈中，最引我注意的是李秀英同学——也就是我现在的妻子，她频频地给我倒茶，反复向我道歉说："真对不起呀，你来了那么多信，也没给你回信。"

这里确实有个小"故事"。我从完小参军后，与那些要好的同学都有书信往来，有一次秀英复信晚了几天，我就去信批评她，结果她生气了，回信反把我狠狠地批评了一顿，并说："我再也不给你写信了。"我虽然去信反复地赔礼道歉，可她确实也再没给我回信。今天她反复倒茶、再三道歉，就是为了这件事。

那时的秀英已经是一个十八岁的大姑娘了，高高的个子，苗条的身材，端庄、秀丽、文质彬彬，很可爱，确实引人注意。我在回家的路上就想：如果她能成为我的爱人那该多好啊！可是又一想，人家聪明、伶俐，在完小读书的时候就是班里最拔尖的好学生，现在初中快毕业了，各方面的条件都挺好，能看中我吗？不过，先做个朋友交往吧，不行就培养个"红娘"！

探亲回部队后，我就和她恢复了通信联系。

我的休息时间基本上都用来给她写信。通信的内容很广泛，我们谈工作、学习、生活，还在信上展开对各种问题的热烈讨论。信越写越多、越写越勤，据她说最多的时候一天收到我的三封信。

由于我真诚地追求，刻苦地“攻关”，不懈地努力，终于把“准红娘”“改造”成恋人，她于一九六一年六月，从师范毕业分配到博兴县实验小学当教师后，就接受了我的“爱”，我们于一九六一年九月十日照了订婚照。经过协商，我们定于一九六二年五月十六日在老家完婚。

从此，秀英成为我们刘氏家族的重要成员，为刘家新型家庭的建立奠定了基础。

一九六四年六月，我被提升为炮兵第四十七团指挥连侦察排排长，晋升少尉军衔，正排级工资，月薪七十二元六角。

侦察排排长的任命，意味着我的“成功”，为刘家“光宗耀祖”了。因为我们刘家祖祖辈辈都是“老实巴交”的穷苦农民，到我这里“改头换面”了。再说，我从一个无知的“穷小子”，凭那时的“本能”和“狂热”，经解放军这所大学校的磨炼、培养，成长为一名中国共产党党员、人民解放军的军官、国家干部。我暗暗下决心，决不辜负组织上的培养，要为国家、为人民，扛好枪、站好岗，要努力钻研军事业务，传承人民解放军的优良传统，在部队正规化、革命化、现代化建设中贡献自己的热和血，甚至生命。

一九六四年的九月二十日，妻子、岳母来到了部队，妻子这次是来生“宝宝”的，我们见面后非常高兴、激动，愉快地畅谈各自的发展变化，交流着方方面面的“新闻”……

我们在家属院找好房子，一块商量着“安家”，什么安炉子啊，买煤啊，购置锅碗瓢盆、油盐酱醋啊，等等。忙活了一阵，基本上有个“家”的样子了。这就是我家的“雏形”，我现在的家就是在这个“雏形”的基础上发展起来的。

一九六四年十一月十三日零时，我的宝贝儿子在一四五医院降生了。天亮以后医院通知了部队，上午我兴冲冲地跑到医院看望他们母子，妻子看到我高兴地说："宝宝在婴儿室了。"护士领我到了婴儿室，婴儿室里整齐地放着一排婴儿床，每个床上都睡着婴儿。

护士把我的宝宝递到我的怀里，我高兴地抱着他，心里美滋滋的，这是我第一次见儿子，也是第一次见到这么小的婴儿。宝宝用他姥姥做的小褥子包着，头、脸都洗得非常干净，头也在微微地转来转去。

我抱着宝宝，久久地沉浸在幸福之中。心想：我当爸爸了！我们的宝宝多可爱啊！我问护士："宝宝多重？"

护士说："生下来时五斤十二两，各方面都挺好，就是有点先天性营养不良。"

护士"先天性营养不良"的话一出口，我不由得一阵心酸。秀英在十个月的怀孕期间，独自一人工作在贫困落后的农村小学。她的妊娠反应又特别强烈，当时是学生家长轮流管饭，尽管家长们尽量给老师做好的吃，但却不适合孕妇的口味，她吃不好、喝不好仍要坚持工作。

在她最需要我的时候，我却不在她的身边尽我做丈夫的责任。我回想起来真是很内疚，我欠她的确实太多了！

现在我有儿子了，我会不会再欠儿子的？我想肯定是会的——因为他是军人的后代。

护士看我抱着宝宝发呆，好奇地问："你怎么了？"

"我想，当个军嫂太不容易了，要说军人把他的血和热都献给国防的话，那么他的妻子——我们的军嫂同样把她的青春和爱都献给了部队。"

护士看了看我，抿嘴笑了。

当我从医院返回营房时，连里通知我晚上参加会议——部队又接受了新的任务，奉命于一九六四年十一月十八日，开赴寿光以北的盐碱地区建设炮兵农场，这年冬天的任务是挖沟开渠，平整土地，为明年生产做准备。

我只好匆匆地把妻子、儿子接回部队，安排好他们的生活后，我就随部队出发了。

十二月中旬施工任务完成后，部队回到了

营房，我放下背包赶紧跑回家看宝宝，妻子和岳母见我回来了，十分高兴地说：“宝宝长大了！”

我抱起宝宝，他确实长大了不少，特别是那双炯炯有神的眼睛，再也不像在婴儿室抱他那样——无目的地东张西望，而是双眼盯住我发愣，好像在说：“你是谁？我怎么不认识？”我左手抱着宝宝，右手摸他的右腮和下巴，逗他玩，一会儿他笑了！我愉快地说：“宝宝会笑了！”

秀英说：“宝宝已经满月了，我们该给他起个名字了。”

我说：“起个啥名字好呢？”

她说：“你不在家我自己想了下，乳名就叫‘志宏’吧，‘志气’的‘志’、‘宏伟’的‘宏’，学名就叫‘刘宏’。名字的含义就是‘志向宏伟’，你看怎么样？”

我摸着宝宝的腮赞许地说：“妈妈真棒，名字起得好啊！”

以后的一段日子，我们一家三代四口人，

生活得非常幸福、愉快，尽管是在部队临时安的家，但这个“雏形”的家真的有了“家”的味道。

这样的日子过了没多久，有一天妻子对我说：“我的产假快到期了，该回去上班了。”

我叹口气说：“这次来部队还是不错的，已经三个月了，这是我们结婚后相处最长的一段时间。”

妻子接着说：“其实真正在一起的时间连两个月都没有啊，你前后外出就有一个多月。”

我解释说：“这大概就是军人的特点吧！这个特点可以概括成两个字——‘运动’。军人在战争年代，亲临战场，随时都有掉脑袋的危险，现在比战争年代好多了！不过，我们还是处于不断的‘运动’之中，只得夫妻分居两地，没有一个稳定的家。部队今年施工，明年生产，什么防洪啊，抢险救灾啊，哪里有艰难险阻就要冲到哪里去，这就是人民的子弟兵！”

妻子很理解地说：“你说得很对啊！我们这个‘雏形’的家就是在‘运动’中形成，在

‘运动’中发展啊。”

尽管我们十分留恋这种小家庭生活，但为了工作，一九六四年十二月下旬，妻子、岳母带着孩子回到了老家。

妻子奋战在农村的教育战线，今天这个村，明天那个村，在既没有“援兵”又没有“预备队”的情况下，对于一个远离丈夫的军嫂，她的困苦、艰难，不言而喻，可想而知。妻子的这种艰苦生活，一直持续到一九七一年随军生活。

在这期间，妻子在一九六八年给我生了第一个女儿刘伟，一九七二年又生了第二个女儿刘非。

我任侦察排排长的时间很短，一九六五年六月调任“军士”训练队任副队长，一九六六年七月调任五连任副连长。

我在任副连长期间正是“文化大革命”的关键时刻，这时，毛主席发出了人民解放军要进行“三支两军”的指示，我受部队组织的委派，从一九六七年至一九七〇年进行了长达三年的“支左”工作，把自己融入了这场全民性的政治“大革命”之中。

我先后曾任高密县水集公社军宣队队长，潍坊市向阳路小学军宣队队长，反修街小学军宣队队长，益都县夹涧公社知识青年指导员，潍坊市供销社军宣队队长、党的核心小组组长等职。

在“文化大革命”的某个历史阶段，“军宣队长”一度曾是很高的职位，群众把它视为领导“核心”中的主要成员，也就是单位的“一把手”。

在这段“支左”的过程中，我增长了很多见识，重新认识了社会矛盾以及人际关系，并为以后的工作奠定了基础。

一九七〇年的九月，我奉命结束“支左”回到了连队，接任五连连长的工作。一九七一年的“五一”，家属随军，妻子、儿女来到了我的身边。

我们终于由“运动战”变成“阵地战”了。

她们来后领导上给安排了两间房子，每间

房子都配备了双人床、三抽桌、椅子、方凳、炉子、烟囱，伙房里配有饭橱、石油液化气灶。家属的生活很方便，家属区设有供应点，各种菜呀、肉呀、鱼呀都很齐全，粮、煤、木柴等一切日用品也应有尽有。

部队驻地盛产各种水果，并有全国闻名的莱阳梨，从五月樱桃上市到国庆节，各个时节都有不同的水果，而且价格便宜，口感好。每年秋季我都储存若干箱水果，让孩子们一直吃到第二年的春天。当储存的水果吃完了，新鲜的樱桃、草莓对接上来了。

家属的文化生活随同部队，一周一场公演电影，春节同部队一起参加游艺活动。

回忆婚后的“运动战”，夫妻各居一方，彼此之间不能互相关心照顾，尤其是妻子拖儿带女“孤军作战”，生活在贫穷落后的农村，着实不易。现在终于迎来了幸福、甜蜜的生活，我们欢聚在军营，共同接受军队的熏陶，尽情享受家庭的温暖、夫妻的恩爱，孩子们也进入了茁壮成长的新阶段。

一九七二年，我们五连到济南地区进行国防施工，主要任务是在山洞里被覆坑道。

从一九七三年至一九七八年，我连进行战备训练，那个时候的训练在两方面进行了改革：一是在班教练阶段，突出了近距离对运动目标的直接瞄准射击；二是根据毛主席的批示，进行两个月的冬季野营拉练。

所谓直接瞄准对运动目标的射击，就是火炮在距目标一千米左右的距离时，由瞄准手直接瞄准移动的目标进行射击，发射完四发炮弹，命中一发为及格，命中两发为良好，命中三发及以上是优秀。

我连在直接瞄准射击训练中，抓得紧，要求严，并注意培养典型，总结经验，以点带面，全面发展，每年都“百发百中”。所以，我们五连是团的典型，每年都多次向兄弟连队介绍经验。

每年两个月的冬季野营拉练，主要是训练部队走、打、吃、住的本领。

现代战争是在核条件下的立体战争，战争

的第一阶段就是藏，只有藏好了才谈得上第二阶段的“打”。因此，在核条件下首先把部队藏好，显得尤为重要。所以，各级都制定了在核条件下战备紧急行动疏散方案，并根据方案选好点、定好址。战备行动信号一发出，连队必须按时到达疏散区，要充分地利用地形地物，把各车、炮“埋入地下”；然后挖单兵掩体，也把自己“埋入地下”。

然后是练“走”，所谓练走就是行军，要组织部队在各种气候条件下、各种道路上的昼夜行军，并穿插防空、防毒、防化、防辐射项目的训练。

在练走中指挥员必须做好行军中的组织工作和思想工作，要熟练地使用地图和研究行军路线，保证部队不掉队，并组织好行军中的通信联络，正确处理行军中的各种战术情况，保障部队的行军安全。

行军中的吃饭问题是训练科目之一，炊事班必须保证部队一小时以内吃完饭，并做到一饭、一菜、一汤，做饭时还得符合防空战术的要求。

到达宿营地后，指挥员要根据设营人员的汇报安排车、炮场和各班排的宿舍，安排哨位和值勤人员，组织好部队吃饭、就寝，并给下属明确紧急情况下的行动方案。

总的来说就是训练各级指挥员的组织指挥能力，提高他们的军事素质、战术水平，以及协调和应变能力。

我的军事素质应该说是不错的，尤其是对炮兵射击指挥、侦察、计算，在大脑中储存的程序，就是到了古稀之年，依然记忆犹新。

由于我对训练抓得紧，我连的训练成绩处于全团的领先地位。因此，一九七六年炮八师下属五个炮团各抽一个连队，进行战术演习实弹射击的比赛，四十七团根据师的比赛精神，决定由我连代表全团参加这次实弹演练的比赛。

我连对战士进行了反复动员，并做了充分的思想和物质准备，对火炮、器材进行了认真的检查、校正，同时，狠抓了“战前”的应急训练。

我连不负重托，整个演练进行得很顺利，以总评4.6分的成绩名列全师第一名，我个人被评为师“优秀射击指挥员”。

十年的“文化大革命”，军队干部没能正常“复转”和“吐故纳新”，再加上“三支两军”“支左”干部的归队，军队干部“积压”、老龄化问题严重，影响着军队的发展、建设。邓小平同志主持军委工作后，针对上述问题专门召开了军委扩大会议，研究了关于军队干部的转业与安排问题。我就是军委扩大会议后第二批转业的。我于一九七八年九月八日离开部队，被分配到博兴县店子供销社任党支部副书记。

我于一九五六年参军，一九七八年转业，从军长达二十二年，把一生最好的年华贡献给了军队。所以，我对军队有着深厚的感情，我是含着泪水告别我的首长、战友和“故乡”的。

离开部队时间长了，很思念那片“热土”，我是多么渴望能回部队看看啊！机会终于来了，儿子给我“圆梦”了。

二〇〇六年的春节期间，也就是我转业二十八年之后，儿子开车，带我回了一趟营房。

大年初二一早我们就出发了，尽管车在高速路上飞驰，可我的心啊早就超越车的速度，率先飞进了营房。我的脑海中浮现出营房昔日的模样：美丽的办公大楼，庄严的礼堂，威武的大炮，整齐的营区，清洁、漂亮的马路与操场，还有配套的服务设施……

一会儿我的耳边又仿佛响起了军号声，三十年前那种团结紧张、严肃活泼的军人生活，出门要两人成伍、三人成行啊，军人相见要敬礼啊，出操、上课、紧急集合啊，一幕幕在我眼前闪现。那种生活整整伴随了我二十二年。我在军营里度过了我的青年、壮年阶段，那是一段多么美好的人生经历啊！

从博兴到莱阳二百六十公里，下午一点我们就到莱阳城了，吃完了午饭就直奔营房而去。

快三十年了，这时的营房和我印象中的营房已完全不一样了，变得几乎不敢相认了。我忍不住地在心里自语道：“啊！营房，你和我一样也‘老’了，失去了过去的帅气、威严，简直像个受了伤的老人，白发苍苍、满脸皱纹、弯腰驼背……”想到这里我不由得一阵心酸。

我向哨兵出示了我的转业证件并说明来意，他经请示，同意我们进营区看看。我们开车进去“视察”了营房，每一个角落都有亲切的回忆。原来的大炮没有了；车炮库扒了；一部分围墙拆了；我五连住的房子也不见踪影了；大礼堂、办公大楼就像两个“老人”似的沉睡在那里；原来所有为部队服务的配套设施也都没有了踪迹；家属院被拆得乱七八糟，连个人影都没看见；只有很少一部分军人守卫着这座空营。

看了营房的现状我就和儿子说：“从二十世纪九十年代开始，人民解放军经过几次大裁军，已经步入新的发展时期。这原来是第一代军营，它建于新中国成立初期，半个世纪过去了，它已经完成了历史使命。”

“是的，我从网上看到了，部队的第四代营房是别墅式的，很漂亮。”儿子说。

“是啊，社会发展多快呀！”

“炮八师、四十七团都撤了，还能找到部队首长吗?”儿子又问。

“能，他们大都退、离休在潍坊市军休所。”

“那我们去看看他们吧。”

我顺手拨通了潍坊市军休二所何发堂副师长的电话，对他说：“何副师长，我打算在年初三下午五点半左右，在潍坊市国际金融大厦的宴会厅设宴，和老领导、老战友聚聚，麻烦您帮着请一下有关人员。”

我恋恋不舍地告别了老营区，慢悠悠地向小车走去，不禁回头看了一眼又一眼，心中自语道：“再见了，我的故乡！”

在何副师长的精心安排下，炮八师的师长、副师长（他们原来都是四十七团的老领导、老战友），四十七团的政委、副政委、政治处主任，以及老战友共三十余人都来参加了聚会。

人员到齐后何副师长说：“今天是刘惠民同志特意来看望四十七团的老领导、老战友，下面请刘惠民同志讲话。”

我激动地说：“各位首长、各位战友，我转业已经二十八年了，今天有机会和大家再相聚，非常高兴，首先向大家拜年了，祝大家新春快乐、万事如意、阖家幸福！我十六岁参军，三十八岁转业，从军二十二年，我是在部队里入党、提干、完婚、建立家庭、生儿育女的，我的一切都是部队给的。在此，谢谢首长，谢谢同志们！我的晚年很好，老两口身体健康，生活幸福，儿女事业有成，家庭美满，请各位放心……”

我讲话后宴会就开始了，酒店里顿时活跃起来，大家互相举杯敬酒、贺年、祝福，各自介绍情况，一直到晚上十点，大家才恋恋不舍地话别。

下面是我写的四首怀念部队的诗：

战友情

二十多年部队中，今日留影潍坊城。

珍贵照片床头挂，睁眼就看战友容。

二〇〇六年三月二十九日

兵心依旧

军旅生涯半人生，暮年常思军中情。

摸爬滚打梦中练，醒来依稀军号声。

二〇〇八年一月二十一日

忆当年带兵冬季拉练

天寒地冻挖掩体，披星戴月练走道。

深更半夜住进村，安排食宿查岗哨。

二〇一三年一月四日

古稀之年穿上新军装

服役着装很平常，现在穿上自欣赏。

绿色军装燃激情，边疆需要还上岗。

二〇一三年十月十八日

第三个20年

再现辉煌

我于一九七八年九月八日离开部队，被分配到博兴县店子供销社任党支部副书记。

我在部队是研究“方向比、修正率”的，现在要研究市场、行情，寻找“商机”赚钱，这是多么大的变化啊！

不过“支左”时我曾在供销系统工作过，供销社对我来说并不陌生。

从军队驻地到“店子供销社”有二百六十公里，送我的车到达店子供销社是当天下午的三点。我下车后到新宿舍里看了看自语道：“二十多平方米的宿舍，五平方米的伙房，应该也够住了，可房间非常潮湿，不能住人啊！”我又到邻近的大会议室里看了看，心想：会议室里可以暂时放东西，乒乓台上我可以睡觉。然后就和妻子商量："'家当'可以先放在会议室里，我住下先干工作，你就领着孩子们先回老家住段时间吧！"

妻子通情达理，很理解我的安排。

部队的车把他们送回了老家，我当天晚上就参加了店子公社召开的社直部门职工大会。

第二天老书记来了，他是个已经办了退休手续还没离职的老同志，见了我后高兴地说："你可来了，我等你很久了，我已经退休，是因为等你没走哇，现在你到职了，我就可以走了。"

我恳切地说："那怎么能行呢？我刚转业啥也不懂，还要靠你传帮带呢，我们一块共事不是很好吗？"

他接着说："我有我的事不走不行啊，你就摸索着干吧。"

老书记不管我怎么劝说，就是执意要走，我看也只好顺其自然了。

老书记走后，领导班子里就剩下两个副书记了：一个是我；另一位是个二十一岁的大姑娘，她叫朱美红，原是农村里的妇女主任，由于很优秀，被破格安排在供销社任副书记。优秀归优秀，但毕竟也是“改行”啊，所以，她很自然地依靠我。这时我想，我是个“军人”，困难面前要敢于“担当”，所以我就勇敢地在“一把手”的位置上挑起了这副重担。

博兴县店子供销社于一九五一年建社，位于博城东南二十公里处的沙旺村以南。

店子公社有三十八个自然村，四万三千人，供销社担负着该地区的生活及生产资料的供应和农副产品的收购工作。

供销社拥有干部、职工一百零九人，驻地有百货门市、生产门市、副食品门市、旅馆饭店、酿造厂、采购站、石油供应站等，管区设有张候门市部、店子门市部、辛朱门市部、利城门市部等。

当时企业有固定资产 24 万元，自有流动资金 59 万元，银行借款 37 万元，库存商品 95 万元，商品有效率 50% 左右。

尽管有较好的购销市场和配套的营业设施，

但由于职工的积极性还没有调动起来，经济效益并不太好，前五年的平均年利润只有 7.5 万元，一九七八年一月至八月的账面利润仅有 3 万元，所以，它是县供销系统的后进社之一。

俗话说，“要想火车跑得快，全靠车头带”，只有落后的领导，而没有落后的群众。无论是军队还是地方，有一条共同的经验，一个单位要搞活，就是要依靠党的核心作用和骨干队伍。

我想，要改变企业的面貌，工作重点就要充实领导班子，强化中层干部，改章建制，加强思想政治工作。

所以，我经过一段时间的调查与考察，经县社、县府人事局批准，任命李振山同志为供销社副主任，负责全社的业务。县社又任命李巨星同志为供销社的文书，负责行政办公室的工作。朱美红同志分管团、工、妇的工作。我主持全面工作。

领导班子充实后，我接着调整企业的中层干部，重新考察任命过去中层干部缺额的代理负责人，前后任命刘学礼为业务股长，耿志顺为张候门市部经理，王福因为酿造厂厂长，高会章为石油供应站站长等。

配备好干部，又马上组织培训。那时的博兴县湖滨供销社是县先进企业，我就组织全社中层以上的干部到湖滨供销社参观学习，吸取他们的经验。

湖滨供销社名不虚传，一走进他们社的大院，简直就像换了一个天地，建筑整齐划一，大院收拾得干干净净、漂漂亮亮，各种东西放置井然有序，给人以舒适、美观的感觉。业务股商品存放门市化：整齐、美观、醒目。各个门店清洁、卫生，商品充实。各种规章制度齐全。职工着装整齐、微笑迎客，有问必答、诚恳待人。

参观后，我们在挂满锦旗、奖状的会议室里听取他们的经验介绍。从报告中得知，他们社的规模、供应范围和店子社近似，而他们创造的年利润是十一万一千元，大大超过了店子社。

参观后我就组织各部门学先进、找差距、订措施，开展学湖滨、赶湖滨的竞赛活动。

党支部根据湖滨社的经验，健全了供销社的各种规章制度，使企业有章可循，按章办事，违章必究，奖惩严明。同时还规定领导班子每天上午学习一小时，党员和中层干部星期六下午集中学习半天。职工大会每月一次，于月初举行，其内容是总结工作、表彰先进、纠正不正之风。

由于加强了政治思想工作，强化了规章制度对员工的约束，企业经营明显呈上升趋势。

不久，县委组织部任命我为店子社的党支部书记，使我主持店子社的工作更加名正言顺了。同时，我也深深地感到责任重大，决心不负重托，踏踏实实地做好本职工作。于是我把“公公正正地办事，老老实实地做人”作为自己的座右铭，虚心接受群众的监督检查，欢迎群众用各种形式给我提意见，永远把自己置于群众的监督之中。

在生活上我也严格要求自己：凡不让群众做的事情自己坚决不做，凡要求群众做的事情首先自己做好。同时，廉洁从政，因为在领导岗位上，天天人来人往，吃吃喝喝是家常便饭，但我一律设家宴招待。

一九七八年十二月，中国共产党十一届三中全会召开了，这次具有历史意义的盛会明确指出：把全党工作的重点转移到经济建设上来，要在本世纪末实现国民经济翻两番，使全国人民的生活基本达到小康水平。

十一届三中全会公报的发表，给企业注入了新的活力，我立即组织全社干部、职工深入学习公报精神，掀起供销工作的新高潮。

我响亮地提出：“抓早字，争主动，奋战一九七九年，大战一、二、三月，夺取全年供销工作的主动权。用实际行动贯彻落实十一届三中全会的精神。”

在思想发动的基础上，我抓住春节前的旺季市场，在县社年度任务指标下达前，参考各门店同期销售水平，给各门店下达第一季度的竞赛指标，并召开誓师大会，开展比、学、赶、帮、超的竞赛活动，号召全社“顶风雪，战严寒，五天赶三集，誓为三中全会作贡献”。这一系列的措施，确实把职工的积极性调动起来了，一般门店五天都能赶三个集或下乡送货，好的门店还能赶四个集。

为了巩固“战果”，使销售活动健康发展，我们又办起了《供销快报》，及时通报各单位的做法、经验、取得的“战果”，指导“运动”向纵深发展。

每月终了，及时召开总结表彰大会，树立典型，表彰好人好事，抓点带面，使热火朝天的竞赛运动健康发展。

同时，要求供销社的行政人员，在做好本职工作的同时，帮助门店赶集摆摊、下乡送货。我为了掌握第一手材料，全社五个门市部，我每个下午骑着自行车转一遍。

群众看到领导真抓实干，各个单位都不甘心落后，掀起了你追我赶的销售高潮。

一九七九年第一季度，全社购销工作取得了丰硕成果，大家一致认为，“抓班子、促骨干，深入发动、抓点带面，小指标竞赛、奖罚兑现”是我社贯彻十一届三中全会精神，抓经营管理的主要经验，并决心把它贯穿于今后工作的全过程。

因此，我们在第二季度的工作中提出“大战四、五、六，实现双过半”，即时间过半、全年各项经济指标都要过半。

第三季度我们又开展了“出大力，流大汗，战三伏，比贡献”的活动。

第四季度号召全社“早起三点半，五天赶三集，誓为年度工作作贡献”。号召全社争创一流的业绩，迎接县社年度供销工作的检查、评比。

在我们季季发动销售高潮的同时，我们还抓了两项促销措施。

一是商品的采购。虽然十一届三中全会召开了，会议要求全党把工作的重点转移到经济建设上来，但由于企业长期受计划经济的束缚，条块分割，经济不发达，供需矛盾突出，商品短缺，造成了很多商品短缺，小到烟酒糖茶，大到自行车、缝纫机，就连人造板、被套、花哔叽等日常生活用品都缺得要命。这既是坏事，又是企业发展的机遇，谁抓住了紧俏商品，谁就掌握了市场的主动权，企业在市场竞争中也就立于不败之地了。我们为了解决困扰企业发展的这一难题，大胆地提出："冲出包围圈，打破条块分割，门店可以自由采购进货。"在供销社的号召下，各门店找关系，广开进货渠道。在市场还没开放的情况下抢先一步，就把生意做活了。如公路门市部耿同志从周村采购来的咖啡色化纤布，在广饶大集上一摆出来群众就踊跃抢购。天晚了职工收拾摊子回门市，顾客也跟着到门市，只好敞开大门、拉起电灯继续卖，像这样的例子举不胜举。

二是用经济的手段管理经济。随着十一届三中全会精神的贯彻，报纸上出现了关于解放思想、搞活经济、改革开放、利用经济的手段管理经济的报道，对我启发很大。我心想：在开展小指标销售竞赛、掀起销售高潮的同时，给职工发点奖金，使职工的个人利益和企业的效益挂钩，不就等于给企业注射了"兴奋剂"吗？我带着这个新思路去请示主管部门，在当时的情况下，领导只能给点探讨性的“暗示”。我本着稳妥的精神，先搞点小剂量的“兴奋剂”，一个季度结束以后，超指标部分按小比例发点提成奖。奖金虽然不多，但它确实起到了“兴奋剂”的作用。从此，职工的积极性就更高了，门店除赶集下乡外，职工抽空骑上自行车，主动到机关、厂矿送货，有的职工甚至送到博兴县城的厂矿、机关、学校。由于全社干部、职工的积极努力，店子供销社一九七九年各项经济指标创建社以来的最好水平：商品纯销售完成 411.4 万元，比一九七八年度的 374.4 万元上升 37 万元，增长 10%，实现利润 11 万元，比一九七八年的 4.6 万元上升 6.4 万元，增长 139%。

店子供销社在一年的时间里发生了惊人的变化，赢得了全县供销系统的好评，年底被县社评为先进企业，供销社的会议室里也终于挂出了锦旗——“先进企业”。据老职工回忆，这是店子社建社以来获得的第一面锦旗。

一九八〇年店子社更上一层楼，商品纯销

售完成 564.7 万元，实现利润 11.3 万元，在获得县社先进企业的同时，还获得了地区供销系统“先进单位”的荣誉称号。

一九八一年第一季度，店子社就实现利润 6.1 万元。一九八一年四月十日我接到调令，任城关供销社党支部书记。我带着“改行”两年半的经验，走向了新的工作单位。

城关供销社坐落在博城六路西首路南，一九八〇年末，全社干部、职工 95 人，自有流动资金 44.9 万元，固定资产 20.8 万元，银行贷款 44.2 万元，年末库存 85 万元，前五年平均利润 4.4 万元。

博兴镇拥有 53 个自然村，4.7 万人，全镇主要种植棉花、小麦、玉米和大豆。

城关供销社位于全县政治、经济、文化的中心，既有得天独厚的贸易优势，又有博兴镇广阔的农村市场，理应成为效益大社，但与此相反，它是全县供销系统的后进企业。

经过调查研究，我认为城关供销社成为后进企业的原因有两点：一是网点布局不合理，未能发挥市场优势。原来博城坐落在“南隅”，城关供销社在老城拥有全县独一无二的二层百货大楼和以百货大楼为中心的配套营业设施。可现在县城搬迁到谷王，由于党政机关的搬迁，其他机关、学校、厂矿、企业也都跟着搬迁，就连五天一个博城大集也迁到了新城，社会购买力也就很自然地集中在新城。职工面对现实，束手无策。二是管区门市部，由于受计划经济封闭式经营的影响，都“暗藏”在村里，影响了经营。尤其是业务股，远离供销社行政机关，单独“藏”在老汽车站对面——原来是个马车店的大院里，领导不便于指导业务，业务也难以为经营单位服务。

我发现还有一个很大的问题是商品结构不合理，“死”商品多，有效库存低，资金使用不合理。企业是搞经济效益的，如果经济效益上不去，其他都无从谈起。经营越不好，职工越没有积极性；职工越没有积极性，经营也就越不好。企业的这种恶性循环，久而久之就形成了“灯下黑”。

根据企业现状，我组织领导班子和中层干部，反复学习中共十一届三中全会以来的路线、方针、政策，在学习文件、提高认识的基础上，结合本社实际情况采取应急措施，先把业务搞上去。在强化思想工作的同时，我号召全社干部、职工积极开展赶集摆摊、送货下乡活动，并实行销售任务定额，超额按比例提成。总之，我采用政治的、经济的、行政的手段，先把职工的积极性调动起来，把业务促上去。

在门店工作走上轨道后，我们领导班子又研究了企业的“治本”措施：

一是业务股和采购站对调搬迁，把业务股搬迁到行政大院，以加强支部对业务的领导。同时，在搬迁过程中进行商品排队，有计划地处理有问题商品，改变商品库存结构，“倒出筐子另挖菜”。

二是在新城建营业大楼，把老城的门店搬迁到新城。计划基建用款 20 万元，但建设基金只有 2.6 万元，缺口很大，拟采取向主管部门要一点，从其他专项基金挪用点，施工单位拖一点，千方百计地把楼盖起来。

三是采购站搬迁后，从事专项废品业务，另建棉花收购站，因为博兴镇是棉花主产区，所以要强化棉农工作。

以上三项任务的时间安排：业务股搬迁及商品处理要在一九八一年年底以前完成；棉花收购站要在一九八一年新棉上市前建成；营业大楼立即着手准备，一九八二年春节后动工，保证当年国庆节开业。

在统一认识的基础上，各项工作开始有序展开。

城关社一九八一年和一九八二年的工作十分艰巨，因为要从根本上治理企业，决心好下，下起来具体问题很多。如采购站搬迁到业务股的老院比较方便，但业务股搬家，涉及仓库的安排。原来采购站只有二十间仓库，不但空间小而且很简陋，现在放工业品就需要改造，同时，需要再盖一部分仓库才行。另外，几十万元商品进行大搬家，工作量很大。

新建棉花站问题也很多，因为是租借的民

兵训练基地，尽管房舍不少，院子宽敞，收棉也很方便，但需要修建四个存放棉花的货台，而且院子需要全部改造。新棉上市前这一切又必须做好准备，真是时间紧、任务重。

城关供销社中层干部的素质比较好，工作能力都很强，如当时的棉花站站长、业务股股长、采购站站长等，他们根据分工各抓一头，工作积极、认真负责，都保质、保量、按时完成了任务。

一九八二年春节后，营业大楼按计划开工，建筑面积一千二百平方米，主体楼三层，边楼两层。大楼的功能安排是：一层拐角往北是饭店，拐角往西是五金和百货；二层全部是旅馆；三层是会议室。施工开始后，最头疼的是资金问题，由于资金缺口很大，需要千方百计地拼凑资金。同时，还得边盖楼边做开业准备，如旅馆的床铺、桌椅、被褥，门市部的架口、柜台，饭店的加工器械，以及各门店的办公设备都得准备好，保证大楼一竣工就能搬进去营业。

另外，职工的选调培训和商品准备都得同

步展开，在商品准备中，除采购新商品外，要把各门店积压多年的残次商品抽上来“排队”，借开业之际进行处理，所以商品准备的工作量也很大。

难关一个个攻破，营业大楼按计划竣工，各项准备工作如期完成，大楼于一九八二年的国庆节隆重开业。

至此，城关供销社的调整工作基本完成，制约企业发展的“瓶颈”已被攻克，为振兴城关社经济打下了基础。

党的十一届三中全会以后，由于党的方针政策越来越深入人心，特别是随着农村联产承包责任制的推行，解放思想、深化企业改革已是大势所趋、人心所向。

特别是一九八三年春节前后，全国各新闻媒体大量报道了中央及各省市关于解放思想、深化企业改革的指示精神，企业搞经营责任制的办法，以及企业承租后出现的新气象，这使我非常兴奋，我认识到，现阶段企业改革的主要精神就是革“大锅饭”和“铁饭碗”的命。

确实“大锅饭”把人心吃散了，把作风吃坏了。总之，“大锅饭”再也不能继续下去了。

企业实行承租经营，已是人心所向、大势所趋、势在必行，到了非搞不可的时候了。但是，这时候企业的主管部门还没有具体的承租意见，下面的干部、职工双眼盯着我，看我怎么办。

我想，既然中央的大方针已定，具体的精神就不要再等了，改革的路子要自己走。我们领导班子在统一认识的基础上，从一九八三年的三月一日起，全社所属经营单位，都实行半独立核算、利润定额、承租经营的责任制，使企业的所有权与经营权分离，把企业的利益与职工个人的利益捆在一起，从根本上调动职工的积极性。

我一方面安排财务人员，参考前几年的经营情况，测算各单位的承租基数；另一方面，把各种报刊登载的承租材料分为三类，一是中共中央、国务院、全国商业部以及各省市关于企业承租的指示，二是有关承租的办法，三是企业承租后的新气象，我把这三组材料在干部职工中进行反复宣讲，在统一认识的基础上，通过了我们供销社自己的承租方案。

办法规定："企业实行店组半独立核算，利润定额，能包则包，能租则租的经营责任制。一般大门店进行承包经营，超利润部分的 60% 归企业，40% 归经营者。较小门店实行利润大包干（租赁），超利部分经营者全得。承租者在竞争中产生，中标后拥有人事权、经营权、所得分配权。职工实行优化组合。"

在承租中，由于思想发动和准备工作都做得比较充分，干部、职工思想认识统一，态度端正，方案可行，比较顺利地落实了一九八三年的承租方案，从此，城关供销社迎来了它崭新的一页。

一九八三年的五月中旬，县财办王主任来我社了解企业的经营状况，我就春节后发动群众、落实承租经营以及企业呈现的可喜变化作了汇报。王主任听了汇报后说："你们做得很好，工作先走了一步，我们准备五月二十日召开全县财贸系统各企业负责人会议，你准备一下，在会上作个典型发言。”

我接受了王主任的安排，一九八三年的五月二十日上午，我在全县财贸系统企业负责人会议上作了发言，我发言的题目是《“包”字在企业落户》，现把保存的发言材料摘要如下：

企业的承租经营，是社会主义初级阶段自我发展的“激素”“调节剂”，是企业经营管理的“牛鼻子”，是相互激励的一种动态运行机制，也是企业深化改革的重要内容。供销企业必须走承租的路子，才能参与竞争，推向市场，拓宽流通渠道，提高经济效益。

我社从一九八三年三月一日起，实行了划小核算单位、独立核算，利润定额，能包则包，能租则租的经营责任制。在短短的时间里，就显示出强大的生命力，使企业的经济效益发生了显著变化。

一九八三年的第一季度，全社利润指标2.5万元，一月份是供销业务的旺季，实现利润

7000元，二月份亏损2000元，从一月份和二月份的情况来推断，第一季度的利润指标肯定是无法完成的。但是，三月份“包”字在企业落了户，商品纯销售完成80万元，是去年同期36万元的222.22%，实现利润2.16万元，是去年同期1.01万元的213.86%。全社第一季度累计利润26610元，超季度利润指标1610元。

进入第二季度后经营形势更好。第二季度利润指标是1.5万元，仅四月份就实现利润14895元，基本上一个月就完成了第二季度的利润任务。

全社一至四月份的经营情况是：商品纯销售完成323万元，占年计划500万元的64.6%，是去年同期的267%；实现利润4.15万元，占年计划6.5万元的63.85%，是去年同期的154%；实际费用率3.32%，比年计划6.5%降低3.18%，比去年同期下降2.87%；资金周转一次五十八天，比年计划九十天加快三十二天，比去年同期加快二十三天半；商品纯购进116万元，比去年同期上升四倍。企业的五项经济指标都达到了较好水平。

我们的做法是，在学习文件、提高认识、制定可行性方案的基础上，用下列办法落实承租方案：

一、把竞争机制引入承租。

市场的竞争，归根结底是人才的竞争，是人的智慧的竞争。一个好的单位，关键是有一个懂业务、会管理、善开拓、了解市场的组织者、领导者。

承租指标的落实，是靠竞争上岗，而不是靠下浮指标。因此，企业必须把人才竞争机制引入承租，实行人人平等，公开招标，从中产生最佳人选，真正把能人引入企业的领导岗位。

在竞争中产生的经营者，绝大部分开拓性强，吃苦能干，全心全意地扑在企业的经营和管理上，不会出现先天不足、发育不良、经营萎缩、效益不高甚至中途夭折的现象。

因此，承租经营必须把人才引入竞争机制，竞争是承租的总原则。

二、职工优化组合。

承租的办法明确规定：在竞争中产生的经营者，有人事“组阁”权、经营权、所得部分的分配权。

但是，经营者在优化组合时，企业不能以包（租）代管，相反，要加强企业职工的思想政治工作，防止经营者借“组阁”之名，把七大姑、八大姨、老婆孩子拉入企业，造成职工素质下降，原有职工大量失业，把矛盾推向社会。要强调经营者中标后，首先改章建制，并拿出治理企业的“灵丹妙药”，在原单位人员的基础上进行组合，在组合时，不能不分青红皂白地把原单位的职工一律辞退。

同时，把没被组合的职工消化在企业内部。我们的做法是：（1）男的五十岁、女的四十五岁以上的没被组合者，由企业发基本工资。（2）由企业搭桥，到新的单位搞新的组合。（3）增设服务网点，开办新店，安排就业。（4）个人承包，离店经营。（5）停薪留职，自谋职业。

由于我们的措施得力，并加强了领导，强

化了企业的政治思想工作，在人员优化组合时，保证了95%以上的职工被组合，对个别没被组合的人员也进行了妥善的安置。

三、完善核算体系。

划小核算单位后，财会人员缺乏，除几个大单位有核算能力外，绝大部分单位没有核算能力。根据这种情况，我们干脆在财务股设会计，直接由财务股给门店记账、验收、核算，这样做不但解决了门店会计缺乏的难题，而且还强化了企业对经营单位的宏观控制。

企业的管理，我认为必须抓好两个方面：一是微观搞活，二是宏观调控。既不能不敢放开，也不能放开不管，概括起来就是——“统而不死，放而不乱”。如果处理不好这种辩证关系，不是把企业搞得没有活力，就是把企业引向歧途。我们的做法就是既要大胆地放开手脚让经营者去闯，又要加强财务管理和审计监督，及时地发现和处理企业承租后出现的新矛盾、新问题，保证承租经营的健康发展。

四、把风险机制引入承租。

承租人取得经营权之后，不是承租的结束，而是承租的开始，要理顺经营内部的运行机制。首先要落实岗位责任制，使岗位责任制做到纵向到底、横向到边、不留空隙，继而把承包的各项经济指标层层分解，落实到柜组和个人，使经济指标做到以小保大、以大保底、大小衔接，实现“千万重担人人挑，人人身上有指标”。

同时，要健全企业内部的风险机制，增强经营者和组合者的风险感，增强职工关心经营好坏的内压感，把自己的经济命运与企业的命运联结在一起，形成个人与企业风险共担，同舟共济。

建立与实际相适应的风险配套办法，如现金抵押或财产抵押，使经营者和组合者有内压感、责任感，从根本上调动积极性。

五、完善分配制度。

实行承租经营，必须改革内部分配制度，旧的分配制度必须打破。

既然承租引入竞争机制和风险机制，就要把承租的风险与所得的报酬对等，把个人的风险与企业的兴衰同命相连，体现报酬与效益、责任的挂钩，做到岗位靠竞争，收入靠贡献。

我的发言，受到与会者的充分肯定。

随着改革的深入，企业的经济效益直线上升，一九八三年各项经济指标创建社以来的最好水平，年终被评为先进企业，供销社终于摘去了“灯下黑”的帽子。

我认为摘去“灯下黑”的帽子，就像部队打仗一样，只是攻克了“敌军”的前沿阵地，还要扩大“战果”向“纵深”发展，也就是说要为企业发展增加后劲，还有很多工作要做。

所以，我把工作重点放在了吸收社员股金，扩大经营范围，开拓服务领域，搞活流通上。

一九八三年前夕，我社社员股金只有 2.8 万元，仅占公积金 77 万元的 4%，远远不适应供销社改革的要求。为此，要做好扩股工作，要采用各种手段吸引群众入股。由于措施得力，到一九八六年社员股金猛增到55.2万元，社员股金占公积金的比例上升到71%。股金的增加为供销社深化改革奠定了物质基础。

有了钱，首先要解决群众卖棉难的问题。我决定在烟草公司西侧征地十亩，修建棉花收购总站，再在城西征地八亩和利用顾家门市部旧址，建两个棉花收购点。三个站点贯穿博兴镇全境，缓解了卖棉难的矛盾，促进了商品经济发展。在为棉农服务中，我社也提高了自身的经济效益，仅棉花收购一项，年创纯利润35万元。

另外，博城的贸易市场有着得天独厚的优势，称得上是一块“肥肉”，就像部队打仗一样要抢占“制高点”，占领“有利地形”，我们把争夺博城的购买力视作主要任务。一九八二年建设营业大楼后，我们前后又投资80万元，采取“两头截，要道占，中间建”的战略，大刀阔斧地重建和改造营业设施。

所谓“两头截”，就是要在通往城里的东道和西道上设立“伏击点”，拦截流往城里的购买力。因此，把顾家门市部搬迁到公路上，拦截从东边流往城里的购买力，在博兴职中门前新建一处门市部，拦截从西边流往城里的购买力。

所谓“要道占”，就是要抢占205国道的商机。205国道是贯穿博兴的一条交通要道，潜藏着巨大的购买力和经济效益。因此我决定在205国道西边建加油站一处，搞成品油经营。事实不出我所料，加油站投资28万元，当年盈利35万元，收回投资后还盈利7万元。

所谓“中间建”，就是在县城的中心地段，建设庞大的营业群，争夺博城的购买力。我们前后建起了两大商场片区，一个是城关社驻地的“供销商场”，营业面积800平方米，设五金、生产等五个店组；另一个是以营业大楼为轴心，扩建平房1000平方米，设饭店、旅馆、百货、五金等十一个店组，我们称之为“锦秋商场城关片”。两大商场片区营业面积达3000平方米，有十六个店组，集结着城关社一百多名精兵强将，年创利润三十多万元，成为博城市场上一支不可低估的力量。

在扩大营业设施的同时，我们还大力开展批发业务，特别是将供销商场的生产资料批发辐射到高青、东营、滨州等县市。在生产资料供应的旺季，商场里的各种提货车辆川流不息。批发业务的开展，扩大了企业的影响力，提高了知名度。全社一年批发各种农药100至150吨，各种化肥10000至15000吨，中小农具万件以上，喷雾器3000余部，农膜100至150吨。

我们同时还强调各单位要直接从厂进货，砍掉中间流通环节，节省流通费用，提高企业的经营效益，把厂家作为企业的大后方，依托厂家的经济实力发展自己。

经过努力，我们先后与鲁北化工总厂、滨州塑料厂、青岛磷肥厂、青岛电视机厂等十多个厂家建立了牢固的供货关系。尤其是青岛电视机厂，经过我的艰难公关，终于取得了厂家的信任，建立了唇齿相依的良好关系。青岛电视机厂为我们培训电视机维修人员，我们是厂家的特约联保维修站，定期参加他们的供货会，享受厂家的各种优惠，厂方也经常下来指导业务。特别是在二十世纪八十年代后期，我们经营的彩电，占领了整个博城市场，有的部、委、办、局领导，直接到城关社买彩电，就连商业局的党组书记也找我买彩电。

那个时候，商业局虽然是彩电的主管单位，但由于计划内可供应的彩电极少，解决不了彩电的需求问题。而青岛电视机厂和我们又有合同承诺，不在博兴设第二经营点，这样就使我们一度掌握着这个拳头产品，使企业在信贷和其他业务往来中常常用彩电作为交换条件。

我的工作得到了上级社的充分肯定，一九八四年地区供销社在我社召开了全区、市县社主任现场会，我在会上介绍了经验。博兴县供销社在一九八五年编写的社志中这样写道："城关供销社到一九八五年各专业性门市部和各综合性门市部一般都有大小百货、棉布、化纤布、针织品、副食、日杂、土产、五金交电、建材、纺织、文具、图书和生产资料柜组，经营品种达到三千多种，比一九五二年增加五倍。购销额大幅度上升，一九八五年购进总额达到 524.7 万元，销售额达到 963.1 万元，基本上满足了广大社员和人民群众的生产、生活需要，受到了广大人民群众的赞扬。由于继承和发扬了供销社的优良传统，广大职工开展了文明经商活动，城关供销社于一九八三年、一九八四年连续两年被评为先进企业。”从中可以看出，我的工作得到了上级社的肯定。

一九八七年是城关社辉煌的一年，这一年城关社荣获了“先进党支部”等九种荣誉称号。

一九九二年县社进行人事制度改革，在领导班子中凡五十岁以上的一律退居第二线。

一九九二年八月九日，县社召开各企业领导班子大会，公布了新一届领导班子名单，凡是没有被公布的就是免职。

一九九二年八月九日下午，县社左副书记和我谈话说：“你在城关社工作了十多年，业绩十分突出，城关社在你任职期间，多次被地、县评为先进企业，在这次班子换届测验中你得票最多，从中可以看出你在群众中的威信和对企业作出的贡献。但是，县社党委已经作出决议，凡五十岁以上的老同志都退下来，你今年已经五十二岁了，所以，也只好让你退下来了。”

我说：“请你们放心，我会顺其自然的。”

第四个20年

退而不休

从工作岗位上退下来后，我觉得不能光在家里休闲，还应该像以前一样充满阳光地生活。所以，我就和其他老同志一块上了老年大学的“电脑班”，学电脑是我渴望已久的梦想，所以，我积极性很高。但因我不会汉语拼音，就得像一年级的小学生一样学习“啊、喔、鹅、衣”，不过还好，我有“家庭老师”啊！

从此，我就学汉语拼音，老伴教我“字母”，教我“拼音”的方法，晚上一块儿出去散步时就练拼字，拼不对老伴就纠正，一天、两天……整整用了一个月的时间，我基本上掌握了汉语拼音，解决了电脑打字的难题。

孩子们知道我学电脑后，很欣赏、很支持，给我买了电脑、打印机、照相机，以及与电脑相关的什么移动硬盘啊、摄像头啊，可以说应有尽有。

那时我的“办公室”可“牛”了，这边放着电脑、打印机，那边放着照相机、手机，随着时代的进步和发展，我也越老越“时髦”了。

学会了操作电脑，我的生活增添了不少乐趣，我不但天天上网看新闻、查资料、玩游戏、发邮件，而且通过电脑也结识了不少新朋友，还常常和老伴一块儿与儿女们视频聊天，真是太有意思了。下面两首诗表达了我使用电脑的感受。

电脑神通广大

小巧躯体大脑袋，多少东西都装开。
文章万言随意放，照片千张尽情塞。

孙子和我们网上聊天

平头正脸美少年，千里之外面对面。
笑口一开叫爷奶，句句话儿似蜜甜。
孙子发话简明速，爷奶打字动作慢。
那边越发越快捷，这边越急越忙乱。

学电脑操作

我很喜爱照片，在我的电脑“文件夹”里放了很多相片和录像，有我自己拍的，也有孩子们拍的。我还很喜欢历史照片，见到有纪念意义的相片就将其扫描到“文件夹”里保存。

在玩电脑的同时，我也很愿意玩打印机，经过一段时间的锻炼，我也基本上掌握了打印机的应用。从此，我就不断给自己打印资料和照片，有时也给朋友们打印点小文档。这时，老伴的回忆录《平平淡淡总是真》写完了，我就尝试把它打印成书。打印书也是一个技术性的活，有很多问题需要“破解”，比如版面设计、字体字号、图像插入、编页码……还有在打印中故障的排除等。在我的努力下，我的第一件“作品”——打印《平平淡淡总是真》一书获得了成功，我还为此专门写了《都是第一次》一文，介绍其中的过程：

> 那天是大暑，尽管烈日当头，我跑得浑身是汗，但我非常高兴，因为我跑到装订室拿回了我的第一个“成果”——给老伴打印的回忆录——《平平淡淡总是真》。
>
> “麻雀虽小，五脏俱全”，这个小册子尽管只有两万多字，完成这本小册子的打印却是个“系统工程”，这是我学会电脑后的第一个“成果”。
>
> 在这本小册子的打印中，自始至终充满了问题，这些问题对我来说都是那样陌生——都是第一次。
>
> 一是版面的设置。

版面是参照老年大学编的32开的有关诗词内容的书设置的，由于我不懂，就直接按32开的纸打字、插图，当打完字要打印时就暴露问题了。人家是按A4纸打字的，再经过电脑“文档网络”操作，印完后再折叠成32开的。我走的“捷径”不对了，必须重新调整为A4纸大小后，再经过电脑“文档网络”的处理后才行。

但是，调整书的开本后，整个文字、图像都乱了，又必须重新整理文字和图像。

二是非程序编页码。

按程序编页码是件很简单的事，只要按程序在电脑上操作下就行了，并且，以后文字不管怎样变化页码都不会动。但是，A4纸折叠成32开后，它的页码和纸的张数不一致，所以，必须用非程序编页码才行。所谓非程序编页码，就是在每页的下方去掉一行字后，再编上页码，而且要逐页编，非常费劲。这种编码受文字变动的牵扯，只要文字一动，整个页码就不知道跑到哪里去了，又得回来重新调整。

三是页边距。

页边距的设置，一开始没经验，就按电脑默认的，结果印出样品来一看，页边距很不合理。在这种情况下我决定重新设置页边距，但页边距设置好后一按“确定”，页码和图像又都跟着变了，又得重新调整文字、图像、页码。调整好后再印出样品来检查时，觉得页面下面的页边距还不够合理，就又得重新调整文字、图像、页码，一直调到理想为止。

四是图像插入。

这本小册子，用 A4 纸是 29 张，折叠成 32 开后即 58 面，共插图 23 幅。

书中的图像来自五个方面：一是女儿的邮件，二是电脑摄像头自拍，三是从《巨变》书上选录，四是电脑下载，五是从电脑幻灯片中选录。不管来自哪个渠道的图像，都要把它插入合适位置，而采用一般图片插入的要领是办不到的，有的图片就是不听“指挥”，不管你怎样调整，它就不动，或者跑到它不应该去的地方了。这是因为每张图片都有它的“个性”。解决这个问题的方法老师没讲，教材上也没有，全靠自己根据具体情况进行探索、捉摸，但我一个个都攻破了。

五是印刷。

打印刚开始，黑色墨盒就没油了，因为打印机已经用了八个月了。我到市场上一问，换一个墨盒180元，而且A4纸只能印300张，这样成本就很高。我通过询问，知道了墨盒可以注油，而且一盒油才15元，这样就可以把费用降下来。但是墨盒怎样从打印机上拆下来，又如何把油注上呢？我又得一个一个地“攻关”。刚解决完黑色墨盒问题，彩色墨盒又没油了，彩色墨盒不同于黑色墨盒，因为彩色墨盒是由三色组成的，如把颜色注错，墨盒就得报废；若注的颜色比例不合适，图像质量也要受影响。这些问题我都在实践中一个一个地解决了。

通过打印这本小册子，我的体会是：

麻雀虽小，五脏俱全。

诸多问题，从来未见。

都是头次，解决真难。

几经周折，终成必然。

花甲老汉，如获金砖。

自从“成功”地“出版”了《平平淡淡总是真》之后，我“编辑”书的劲头就更足了。从此，我就从网上、邮件、刊物以及各种渠道搜集我喜欢的资料，然后分类成册，先后印刷装订了《养生知识》一、二、三、四册，还有《哲理常识》《育苗》《笑话集》等。

我还给老伴“出版”了诗词集《杂草苑》，全书共收录诗词三百一十首，印了一百本。制作这本书的最大收获是我也学会哼打油诗了——

给老伴打诗有感

老伴诗词有特点，立意颇具时代感。
内容精彩近生活，语言通俗且活鲜。
写的都是身边事，一看就懂我喜欢。
天天打诗受熏陶，我也效仿写诗篇。

我这辈子最大的遗憾就是读书少、文化水平低，仅有四年级初小“毕业证”，连个完小毕业文凭都没拿到。尽管如此，但我从年轻时就喜欢写点东西。

早在一九五九年部队掀起学习文化高潮时，我就“创作”了中篇小说《烽火》，虽然水平很低，但获得部队“创作”精神奖。当了领导干部以后，从军队到地方，我所经手的工作报告、讲话材料、年终总结、规章制度等都是我自己亲手所写，从不用“文书”或找人代笔。

退休以后，我不但编辑了不少小册子，还创作了十多万字的《巨变》和编辑了十多万字的《岁月纪事》。晚年也学会用“打油诗”记录自己的生活，现把部分作品附下：

赞会风改革

会期缩短文件精，花架摆设都撤净。

食宿俭朴传统继，百姓目睹心高兴。

二〇一三年一月二十二日

腐　败

公款接待到酒店，山珍海味茅台伴。

小姐相陪到深夜，半桌饭菜倒猪圈。

二〇一三年一月二十三日

中央治腐有方

反复阐明力度大，老虎苍蝇一块打。

制度笼子锁住权，标本兼治扬中华。

二〇一三年一月二十四日

赞中共十八大以来的变化

反腐倡廉力度大，简政放权有变化。

路线教育强民主，分配公平正策划。

二〇一三年十一月十日

赞中共十八届三中全会的《决定》

会议决定立意新，改革开放步步深。

国强民富大有望，中华大地一派春。

二〇一三年十一月二十二日

老伴看到我天天玩电脑，就关心地说："光这样不行啊！你得注意锻炼身体呀，你看看人家退了休的老同志，都在打门球，你也学学打门球吧。"她不但这样说，而且还给我找来了门球和打球的棒，亲自带我到球场和我打球。其实，她不爱好门球，更不会打，就是为了提高我打球的积极性。

在老伴的启发下，我真的爱上了门球，不但学会了打球，而且懂法则、战术，当过裁判、教练，前后组织了"博昌""渤海"等门球队，在县里的多次比赛中，取得了不俗的成绩。有诗为证：

我队获冠军

零九门球大比赛，博昌打得很精彩。

九战七胜人人夸，冠军奖杯捧回来。

二〇〇九年四月十日

博兴县博昌门球队夺冠

二〇一三门球赛，博昌打得更精彩。

百战百胜震全场，队员斗志扬四海。

二〇一三年九月二十六日

第五个20年

幸福养老

二〇二〇年四月三十日，小女儿刘非把我们接来上海，五月十一日我们住进了梧桐人家养老社区。

梧桐人家养老社区是一所环境优美、设备

梧桐人家养老社区外景

游泳池

高档、老年教育配套到位、吃喝玩乐都齐全的高端养老社区。

二〇二〇年十二月十九日举行开业周年庆，社区领导让我上台讲住进梧桐人家的体会，我就不谦虚地作了个发言，发言内容如下：

我是五月十一日住进梧桐人家的，半年多来我感到我这个新家很好，环境优美、设备高档，住得舒服，玩得高兴。一年来有二百多位长老从祖国的四面八方来到梧桐，形成了我们这个新的家族，现在我们已经是好邻居、好伙

在开业周年庆大会上发言

伴、好朋友，我们同吃、同住、同娱乐，一块唱歌、跳舞，一块做游戏，吃得很好，玩得时尚，我们的夕阳更红了。

一年来我的主要体会有三点。

一是捡了条命。六月十五日上午，我的心脏很不舒服，我就去卫生室找医生，看到医生很忙，我就走出卫生室，在走廊里服用“速效救心丸”。就在这时过来个健康管理师，我不认识她，现在才知道她是十三号楼的健康管理师小杨，她问了我的病情和服药情况，她感到我的病情很严重，立即联系我的女儿刘非，把我送进了上海东方医院。经检查，我心脏的三根主要血管一根堵了百分之百，一根堵了百分之九十五，一根堵了百分之八十。医院立即进行抢救，给我放了五根支架挽救了我的生命。

从医院回到梧桐人家的康复阶段，各个楼的健康管理师对我都非常关爱，她们利用值班的时间，到我家来给我量血压、查体温，传授康复知识，指导我康复训练。三号楼的健康管理师小李，把我服用的十三种药打印出来给我贴在床头上，嘱咐我各种药的性能、服药时注意的事项，以及如何做康复运动。我曾经想过，

居住的房间

像我这样严重的冠心病，如果在老家发生心梗，其后果可想而知，我幸亏来到上海梧桐人家。所以，我的第二次生命是梧桐人家的领导和健康小屋给的，因此，我对领导和健康小屋表示衷心的感谢。

我的第二个体会是，有些病食疗重于药疗。我这里指的主要是便秘，便秘是老年人的常见病、多发病，这种病是很痛苦的，不吃药不行，吃药泻后继续便秘，是一种恶性循环。我是七十五岁开始便秘的，已达五年之久。自从来到梧桐人家以后，由于饮食生活的调整，现在基本上解决了便秘问题。我觉得梧桐人家的食堂太好了，特别是早餐，各种食物多达十几种，我就选着吃，经过半年时间的调整，现在的肠胃已经很正常了。

梧桐人家食堂确实很好，首先领导重视抓得紧，一把手施总经常过问食堂的工作，赵总经常在吃饭时候出现在食堂，检查就餐情况。管理食堂的顾经理更是深入一线，并且端盘子送菜、送饭。由于领导以身示范，工作人员的

丰富的早餐与午餐

服务态度很好，并对老弱人员认真照顾。厨师营养配餐、粗细搭配，菜肴烧得味道鲜美。

我幼年时老家还没解放，那时过着凄凉的生活，啃爷爷捡来的西瓜皮，跟着父母逃荒要饭，晚年住在这样高端的养老社区，享受这样的美食，真是天壤之别。

我的第三个体会是，人老了也要学习智能。我是个“三老人”，解放初期农村里的学校很少，读书的学生年龄都很大，小学里就有结婚的学生。我十一岁才上小学一年级，十六岁参加中国人民解放军。所以，我没有任何的文凭，是个老粗。我从军二十二年，是个地地道道的老兵。今年八十一岁了，更是个老汉。

像我这样的“三老人”很不适应新时代的

要求，特别在智能化快速发展的今天，如果不好好学习就会变成个呆子。虽说我也上过老年大学，学习过电脑，也会看看微信，但学的都是些基础知识，很简单，也很“死板”。再说，随着年龄的增长，有些东西也忘得快。何况随着手机、电脑的不断更新，原来会的也不会了，特别是用字母显示的内容，根本就不懂。

幸亏来到了梧桐人家，这里的管家们太好了，工作积极、认真负责、服务上门，如送快递、设备维修、家勤服务等都做得很到位。他们有知识、有文化，都是些大学生，很善于施

我所在楼的前台

教。我住在三号楼107房间，离前台很近，跟管家们学东西就更方便了。我不时地拿着手机跑到前台问些我不会的东西，也有时把他们请到家里来，请教有关电脑的知识。我这一年进步太大了，因为这里的电磁炉、微波炉、洗衣机、电脑都是新买的，和老家的不一样，我不但重新学会了操作，而且还学会了手机充值、支付宝、网购、查阅银行账号里的明细账等。我这一年就等于上了一年“大学”，我高兴地称他们老师。

梧桐人家一景

现在已经跨入了新时代，我认为我们这些老年人应该学习新知识，适应时代的要求，跟上时代的步伐。

最后，我们一块祝领导工作顺利！元旦快乐！

我的发言引发与会者的热烈反响，因为我说出了我的心声，也说出了大家的心声。

如今我正在梧桐人家享受着我幸福的晚年生活。

图书在版编目(CIP)数据

我这一辈子 / 刘惠民著 .— 上海 ：上海社会科学院出版社，2021
ISBN 978-7-5520-3604-6

Ⅰ. ①我… Ⅱ. ①刘… Ⅲ. ①刘惠民—回忆录 Ⅳ. ①D263

中国版本图书馆 CIP 数据核字(2021)第 122914 号

我这一辈子

著　　者：刘惠民
出 品 人：佘　凌
责任编辑：陈如江
封面设计：周清华
出版发行：上海社会科学院出版社
上海顺昌路 622 号　邮编 200025
电话总机 021-63315947　销售热线 021-53063735
http://www.sassp.cn　E-mail:sassp@sassp.cn
照　　排：南京理工出版信息技术有限公司
印　　刷：上海展强印刷有限公司
开　　本：850 毫米×1168 毫米　1/32
印　　张：3.75
字　　数：48 千
版　　次：2021 年 9 月第 1 版　2021 年 9 月第 1 次印刷

ISBN 978-7-5520-3604-6/D·620　　定价:38.00 元